Keep Calm and
Buy this Journal

Ordering Information:
Quantity sales. Special discounts are available on quantity purchases by corporations, associations, and others. For details, contact the "Special Sales Department" at the address above.

Keep Calm and Buy this Journal -- 1st ed.
ISBN 978-1-6328795-7-8

DATE ________________________

DATE ________________________

DATE _____________________

DATE _____________________

DATE ___________________

DATE ___________________

DATE _______________________________

DATE _______________________________

DATE ________________________

DATE ______________________

DATE ______________________

DATE ___________________

DATE _______________________

DATE ___________________

DATE ___________________

DATE _______________________

DATE ________________________

DATE ________________________

DATE _______________________

DATE _______________________

DATE ___________________

DATE _______________________

DATE _______________________

DATE _______________________

DATE _____________________

DATE _______________________

DATE _______________________

DATE ____________________

DATE ___________________

DATE _______________________

DATE _______________________

DATE ___________________

DATE ___________________

DATE ______________________

DATE _______________________

DATE ____________________

DATE ____________________

DATE _____________________

DATE ___________________

DATE ___________________________

DATE ___________________

DATE ___________________

DATE ______________________

DATE ______________________

DATE ___________________

DATE _______________________

DATE ___________________

DATE ___________________

DATE ___________________

DATE _____________________

DATE _______________________

DATE _______________________

DATE _______________________

DATE _______________________

DATE ___________________________

DATE ___________________________

DATE ___________________

DATE ___________________

DATE ___________________

DATE ___________________

DATE _______________________